T0010800

1
2
3
4
5
6
7
8
9
10
11
12
13
14
15
16
17
18
19
20
21
22
23
24
25
26
27
28
29
30

1
2
3
4
5
6
7
8
9
10
11
12
13
14
15

1
2
3
4
5
6
7
8
9
10
11
12
13
14
15
16
17
18
19
20

1
2
3
4
5
6
7
8
9
10
11
12
13
14
15
16
17
18
19
20
21
22
23
24
25

1
10
9
2
8
3
7
4
5
6

1
2
3
4
5
6
7
8
9
10
11
12
13
14
15
16
17
18
19
20

1
20
19
18
17
2
3
8
9
10
15
16
4
7
11
14
5
6
12
13

1
20
19
17
16
2
4
3
18
15
5
14
13
12
6
8
9
10
11
7

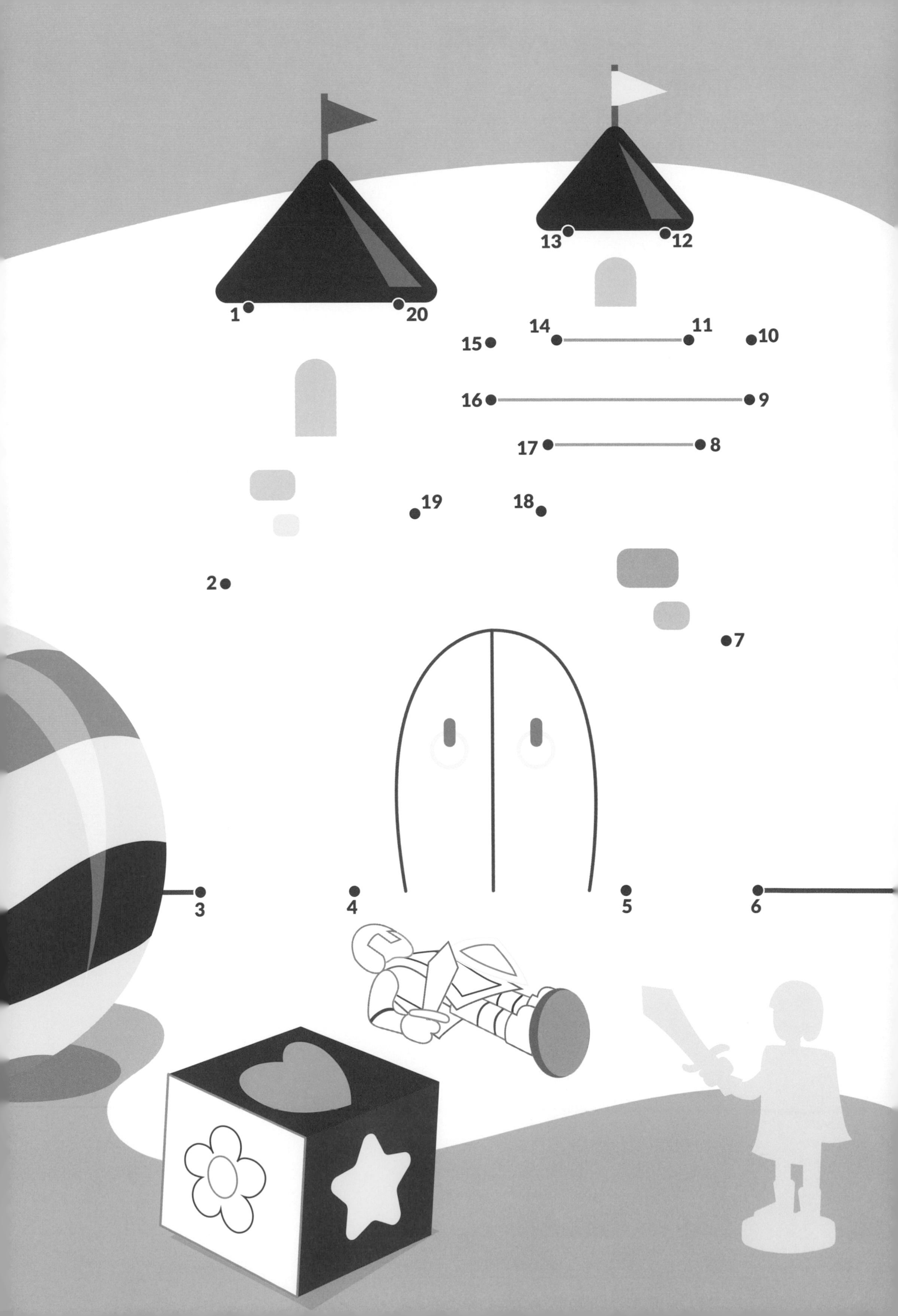
1
20
13
12
14
11
15
10
16
9
17
8
19
18
2
7
3
4
5
6

20
19
18
1
17
2
16
4
3
14
15
13
5
12
6
7
11
8
9
10

1
2
3
4
5
6
7
8
9
10
11
12
13
14
15
16
17
18
19
20
21
22
23
24
25

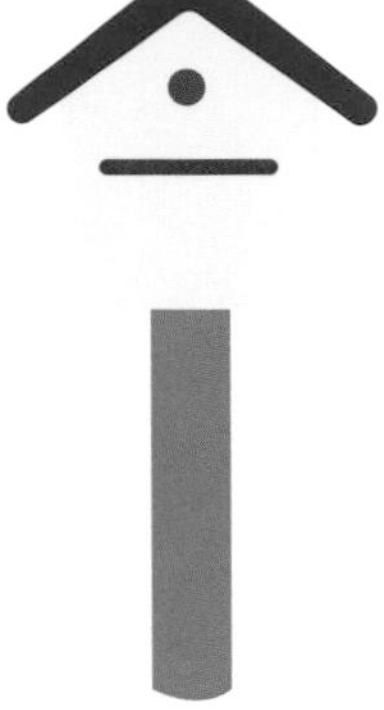

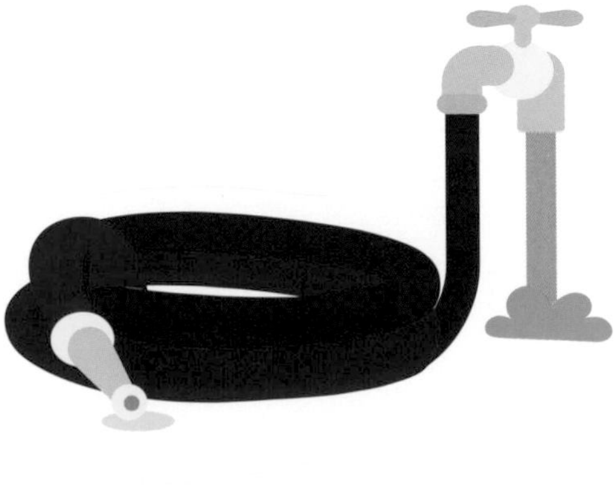

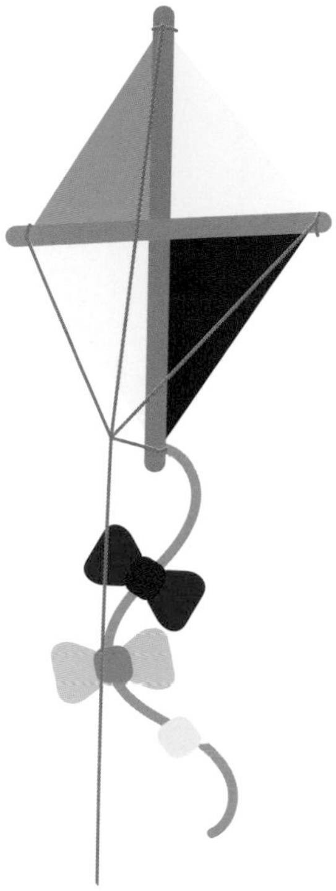

1
2
3
4
5
6
7
8
9
10
11
12
13
14
15
16
17
18
19
20

1
2
3
4
5
6
7
8
9
10
11
12
13
14
15

1
2
3
4
5
6
7
8
9
10
11
12
13
14
15

1
2
3
4
5
6
7
8
9
10
11
12
13
14
15
16
17
18
19
20
21
22
23
24
25

1
2
3
4
5
6
7
8
9
10

1
2
3
4
5
6
7
8
9
10
11
12
13
14
15
16
17
18
19
20

1
2
3
4
5
6
7
8
9
10
11
12
13
14
15
16
17
18
19
20
21
22
23
24
25

1
2
3
4
5
6
7
8
9
10
11
12
13
14
15
16
17
18
19
20
21
22
23
24
25

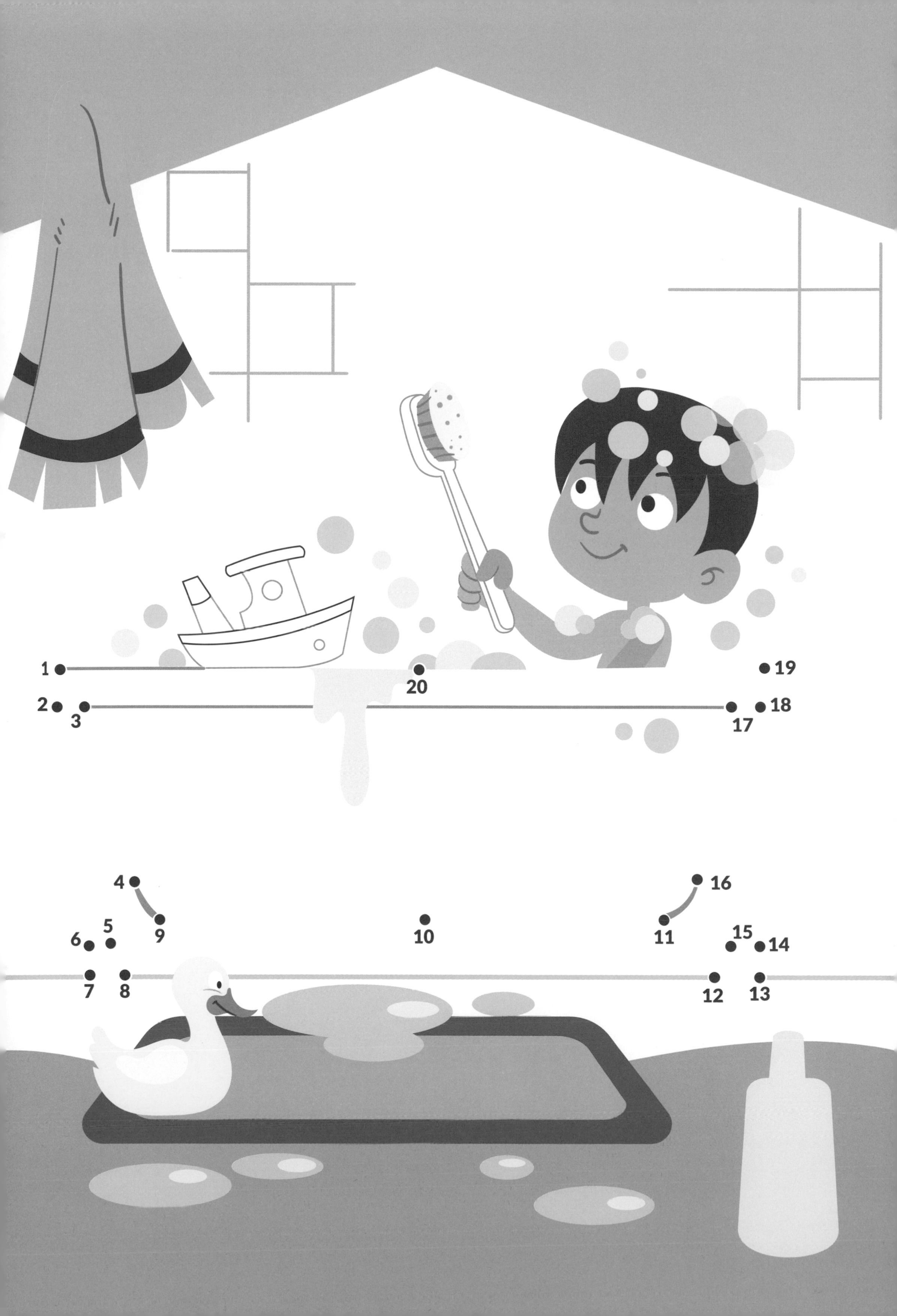
1
2
3
4
5
6
7
8
9
10
11
12
13
14
15
16
17
18
19
20

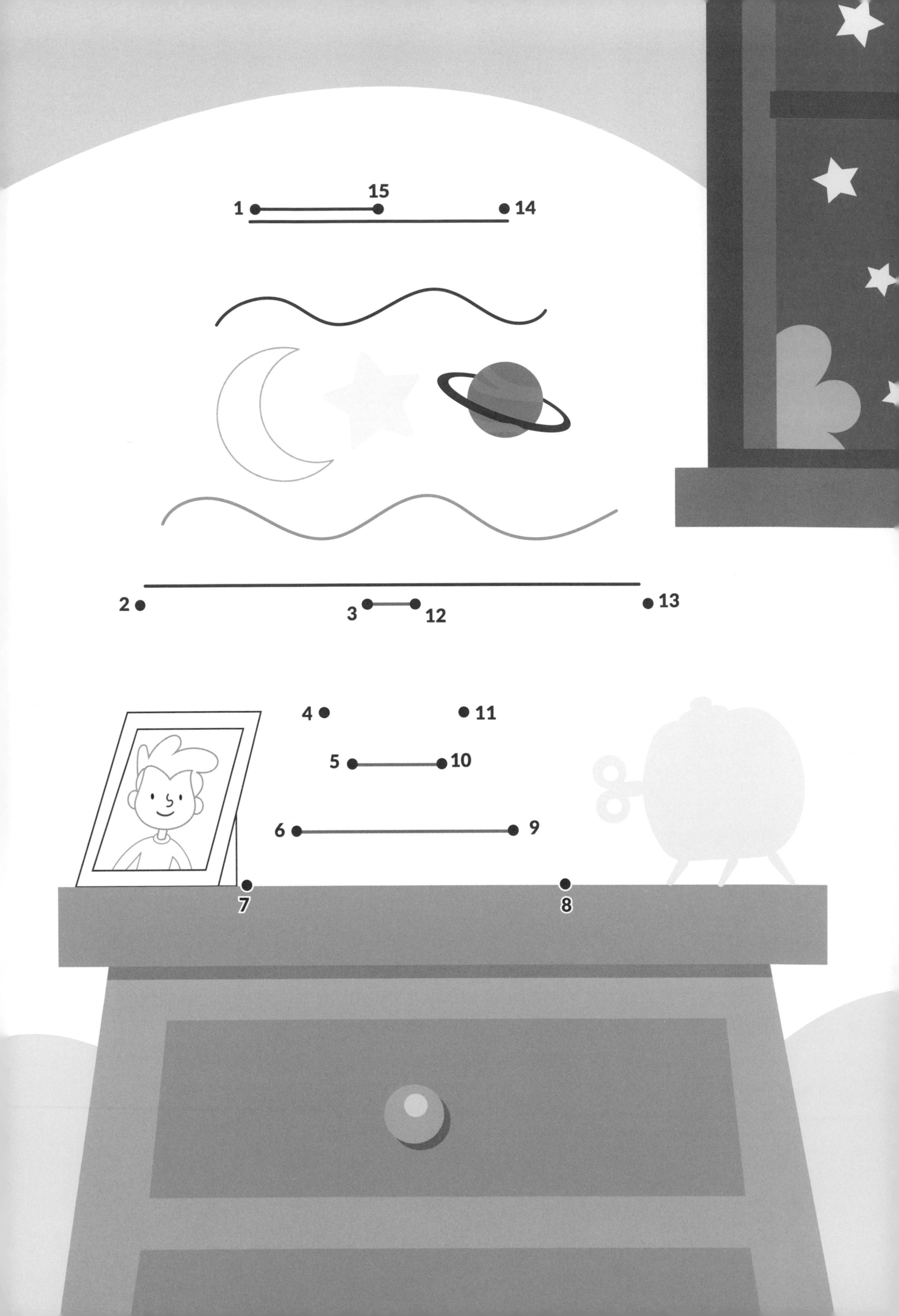
1
15
14
2
3
12
13
4
11
5
10
6
9
7
8

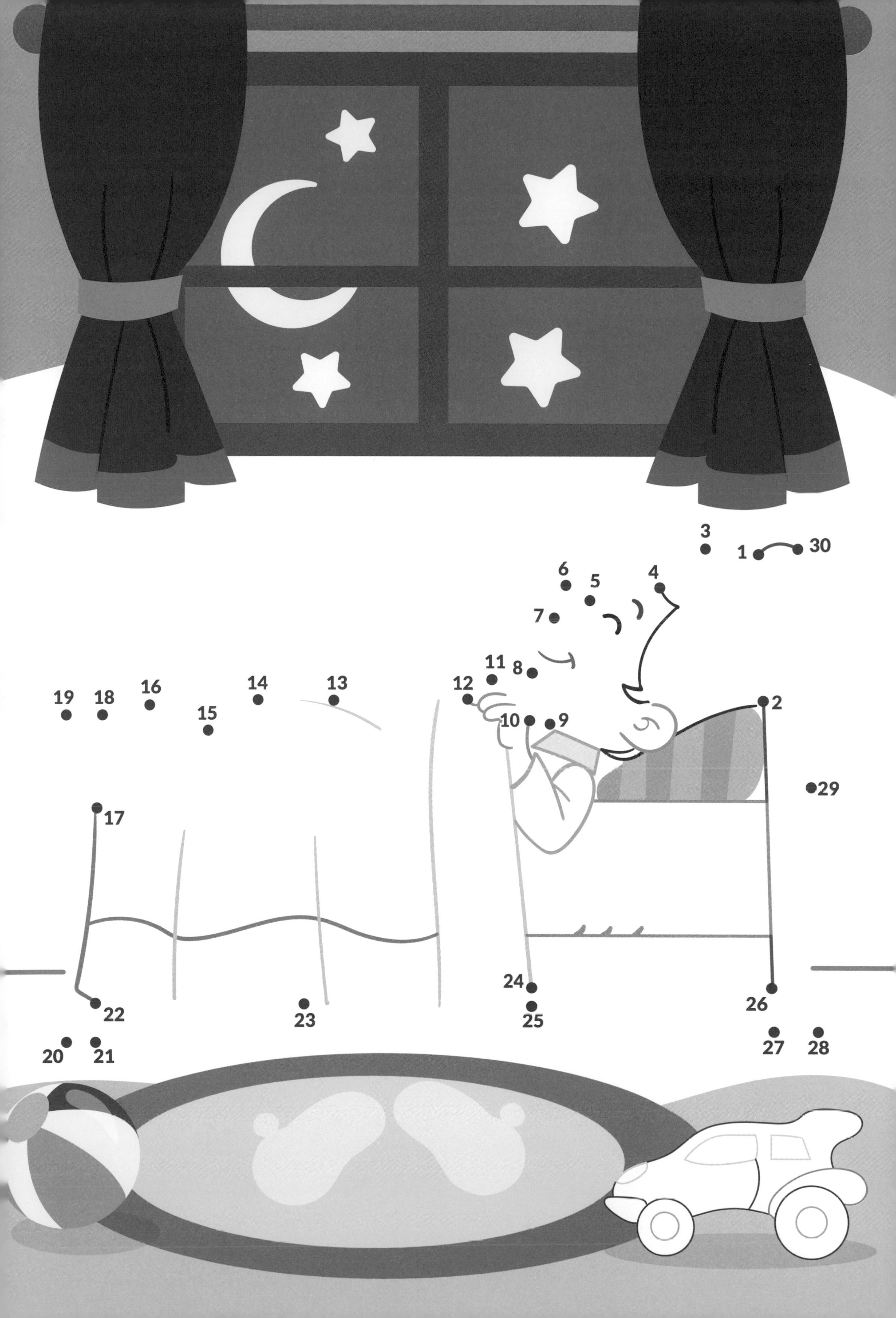

1
2
3
4
5
6
7
8
9
10
11
12
13
14
15
16
17
18
19
20
21
22
23
24
25
26
27
28
29
30

1
25
2
24
3
23
4
22
20
19
21
5
10
16
18
6
9
17
11
15
8
7
12
14
13